MO CHOLAINN
Ó Bhaithis go Bonn

Zita Newcome

AN GÚM

Clár an Leabhair

An Cholainn

Is iomaí ball sa cholainn.

Féach an féidir leat ainm a chur ar chuid acu.

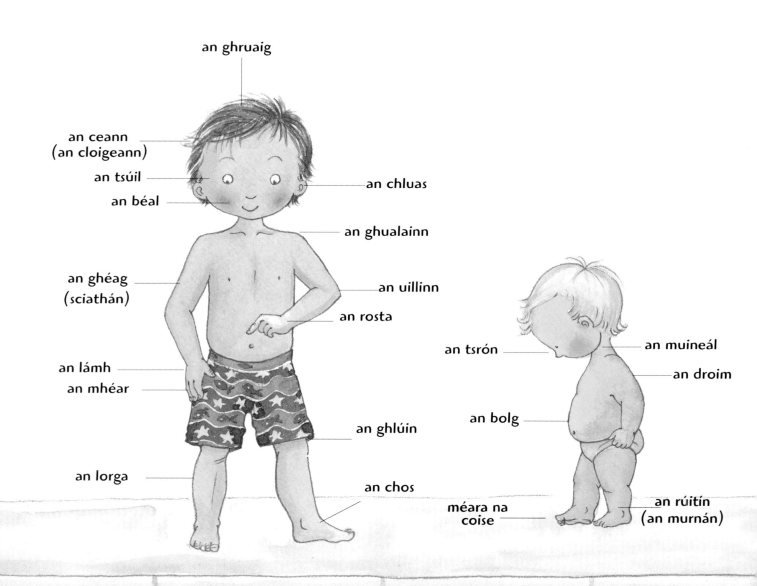

an ghruaig

an ceann
(an cloigeann)

an tsúil

an béal

an chluas

an ghualainn

an ghéag
(sciathán)

an uillinn

an rosta

an tsrón

an muineál

an droim

an lámh

an mhéar

an bolg

an lorga

an ghlúin

an chos

méara na
coise

an rúitín
(an murnán)

Ní mar a chéile gach colainn ó thaobh crutha agus méide de.
Bíonn cuid acu beag, cuid acu mór, cuid acu ramhar, cuid acu tanaí.
Bíonn dathanna éagsúla ar an gcraiceann ..... buí, donn, bándearg agus dubh.

An Aghaidh

Is féidir a lán a léamh ar aghaidh duine.

Tá an cailín seo sona sásta.

Tá brón air.

Tá sé dána.

Tá sí cúthail.

Tá iontas air.

Tá sí codlatach.

Tá eagla uirthi.

Tá sé ardnósach.

Tá fearg air.

Tá sí míshásta.

Na Súile

Is leis na súile a fheicimid rudaí.

Cén dath atá ar do shúile féin?

Cé acu donn nó glas nó gorm atá siad?

Caitheann daoine áirithe spéaclaí chun go mbeidh radharc níos fearr acu.
Caitheann daoine eile spéaclaí dorcha chun na súile a chosaint.
Nuair a bhíonn brón orainn caoinimid agus tagann deora ónár súile.

An tSrón

Is leis an tsrón a análaímid agus a fhaighimid boladh.

Bíonn boladh deas cumhra ó nithe áirithe agus boladh bréan ó nithe eile.

An Béal

Is lenár mbéal a ithimid agus a ólaimid. Blaisimid bia lenár dteanga agus déanaimid é a chogaint lenár gcuid fiacla. Cé mhéad fiacail atá agatsa?

12

amhrán
a chasadh

strainc a chur
orthu féin

póg
a thabhairt

uspóg
a ligean

líreacán a lí

Ar na nithe eile a dhéanann daoine lena mbéal tá:

meangadh
a dhéanamh

gáire
a dhéanamh

bolgóidí
a dhéanamh

a dteanga
a shá amach

ciúnas
a iarraidh

caoineadh

Na Cluasa

Is leis an dá chluas againn a chloisimid fuaimeanna. Éist go haireach. Cé mhéad fuaim a chloiseann tú anois díreach? An bhfuil na fuaimeanna ard nó íseal? Tá fuaimeanna áirithe go deas …. agus cinn eile nach bhfuil.

14

An Ghruaig

Coinníonn an ghruaig an ceann (cloigeann) te agus cosnaíonn sí ar an ngrian é. Ní mar a chéile a bhíonn an ghruaig ag gach duine. Bíonn stíleanna éagsúla gruaige ag daoine éagsúla.

díreach

in aimhréidh

gearr

catach

fada

16

Ní mór dúinn cúram a dhéanamh dár gcuid gruaige. Is gá í:

a ní

a chíoradh agus a scuabadh

a ghearradh

maol

Stíleanna éagsúla gruaige

17

Na Lámha

Is leis an dá lámh againn a bheirimid
greim ar rudaí agus a thógaimid iad.
Cad iad na rudaí eile a dhéanaimid lenár lámha?
Seo a leanas cuid díobh:

Tá an páiste ina sheasamh
ar a dhá lámh

Tá an páiste / na páistí ......

ag péinteáil

ag croitheadh
láimhe

ag bualadh
bos

ag
comhaireamh

ag tógáil

ag meascadh   ag rolladh

ag fáscadh

ag brú

ag cuimilt

i ngreim láimhe

ag croitheadh

ag brú

Na Cosa

Is ar an dá chos againn a sheasaimid agus a shiúlaimid. Ach is iomaí úsáid eile a bhainimid as na cosa.
Féach ar na páistí!

Tá sé ag rince/damhsa.

Tá sé ag cromadh.

Tá sé ag ciceáil.

Tá sí ag rith.

Tá sí ina seasamh ar leathchois.

Tá sí ina seasamh ar na barraicíní.

Tá sí ag casadh thart.

Tá sí ag cniogdhamhsa.

Tá sí ag bualadh coise.

Tá sé ag léim.

Tá sí ag rothaíocht.

Tá sé ag splaiseáil.

Tá sé ag lapadaíl.

An Taobh Istigh!

An cnámharlach a thugtar ar an gcreatlach (fráma) a choinníonn cruth ar an gcolainn. Murach é bheimis cosúil le glóthach! Is iomaí cnámh sa chnámharlach. Is féidir cuid acu a mhothú díreach faoin gcraiceann.

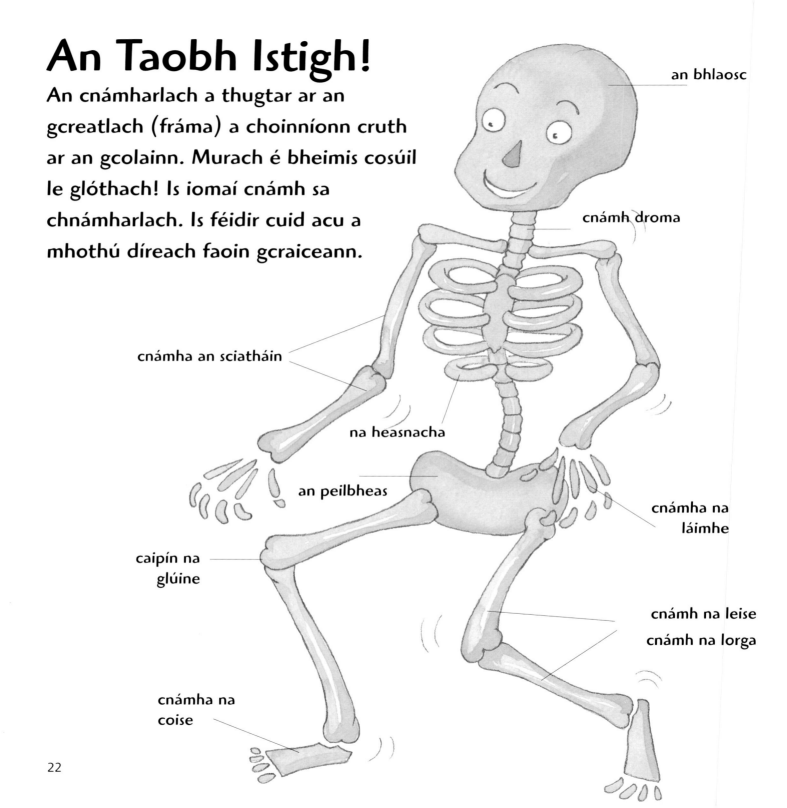

an bhlaosc

cnámh droma

cnámha an sciatháin

na heasnacha

an peilbheas

cnámha na láimhe

caipín na glúine

cnámh na leise

cnámh na lorga

cnámha na coise

Nithe eile atá taobh istigh

an croí

Tiomáineann an croí an fhuil ar fud na colainne.

na scamhóga

Isteach sna scamhóga a théann an t-aer a análaíonn tú.

an goile

Isteach i do ghoile a théann an bia agus an deoch.

an inchinn

Is í an inchinn a rialaíonn gach ball sa cholainn.

Cúram na Colainne

Ní mór dúinn cúram a dhéanamh dár gcolainn i dtreo go mbeimid ar fónamh. Ní mór dúinn bia agus deoch a chaitheamh gach lá i dtreo go mbeidh fuinneamh againn. Ní mór dúinn codladh chun scíth a ligean. Ní mór dúinn an cholainn a choinneáil glan. Ní mór dúinn gan ligean di éirí rófhuar ná róthe.

Céard a chaitheann tú nuair a bhíonn sé fuar?

Céard a chaitheann tú nuair a bhíonn sé te?

Céard a chaitheann tú nuair a bhíonn sé fliuch?

Gan a bheith ar fónamh

Tagann tinneas orainn uaireanta agus baineann gortuithe dúinn.

Tagann biseach orainn tar éis tamaill.

Céard atá ar na páistí thíos?

a shrón ag sileadh	tinneas goile	gearradh
leonadh	brú	scealp
an deilgneach	teocht ró-ard	tinneas cluaise

Nuair a bhí tú i do leanbh

Nuair a tháinig tú ar an saol bhí tú beag bídeach. Ach lá i ndiaidh lae bhí tú ag fás .... agus ag fás .... agus ag fás. De réir mar a shleamhnaigh na míonna thart bhí tú ag foghlaim conas rudaí nua a dhéanamh.

luí rolláil tú féin a ardú suí lámhacán

folach bíog a dhéanamh

caint a dhéanamh

do chuid bia a ithe

éirí i do sheasamh

seasamh gan taca

coiscéimeanna a thabhairt

siúl

rith

Tá tú cumasach anois!

Tá tú in ann a lán rudaí a dhéanamh anois.
An féidir leat iad seo go léir a dhéanamh?

breith ar liathróid

dul in airde staighre

pictiúr a tharraingt

cnaipí a dhúnadh

tú féin a ghléasadh

do chuid fiacla a ní

suí ar an leithreas

preabadh

d'iallacha a cheangal

léim san uisce

rothaíocht

amhrán a chasadh

gléas ceoil a sheinm

an doras a oscailt

do chuid gruaige a scuabadh

leabhar a léamh

31

Do Rebecca agus Elizabeth

An leagan Béarla
© Zita Newcombe, 2000
Walker Books Ltd (Londain) a chéadfhoilsigh sa bhliain 2000 faoin teideal *MY FIRST BODY BOOK, Head to Toes.* Gach ceart ar cosaint.
An leagan Gaeilge
© Foras na Gaeilge, 2001
Tá an leabhar seo á fhoilsiú le caoinchead Walker Books Ltd, Londain Shasana.
ISBN 1-85791-386-8

Computertype Teo. a rinne scannán an chló in Éirinn.
Arna chlóbhualadh i Hong Cong.

Le ceannach ó leabhardhíoltóirí
nó orduithe tríd an bpost ó:
An Siopa Leabhar,
6 Sráid Fhearchair,
Baile Átha Cliath 2.
Orduithe ó leabhardhíoltóirí chuig:
ÁIS,
31 Sráid na bhFíníní,
Baile Átha Cliath 2.

An Gúm, 24-27 Sráid Fhreidric Thuaidh, Baile Átha Cliath 1